공중의 꽃

—북인도 붓다 성지 순례

강 영 환 시집

강영환 시집

공중의 꽃

지은이 강영환
펴낸이 최명자

펴낸곳 책펴냄열린시
주　소 부산광역시 중구 중앙동 3가 14-1
전　화 051-464-8716
출판등록번호 제 02-01-256호
출판등록일 1991년 2월 4일

인쇄일 1판 1쇄 2013년 5월 15일
발행일 1판 1쇄 2013년 5월 17일

값 12,000 원

ISBN 978-89-87458-79-3 03810

• 본 도서는 2013년 부산문화재단으로 부터 일부 지원금 받아 제작되었습니다.

곧고 길게 뻗은 길에
흰 소와 검은 소가 어깨를 맞대고
나란히 수레를 끌었다
검은 소가 물끄러미 벌판을 쳐다본다
반은 검고 반은 흰, 그렇게
스스로 몸 변하는 소가 되었다
……

공중의 꽃 · 3

□ 책머리에

폐허의 성지에서

신라 선덕여왕 때 고승 혜초가 〈왕오천축국전〉이라는 책을 남겼는데 거기 '천축'이라는 나라가 지금의 인도다. 넓은 땅이기에 다섯으로 나눠 오천축국이라 불렀다. 북인도는 인도에서도 오지에 속하는 지역이다. 붓다 생존 당시 인도 북부지역에 존재했던 나라는 가필라국이었고 불교가 융성했던 때였다.

서유기로 유명한 중국의 현장법사는 혜초보다 앞서 1세기 전에 다녀갔다. 그 당시 인도에는 힌두교가 성행하였다. 불교유적이 많이 파괴되어 있어 안타까움을 전했지만 2555년이 지난 때에도 그 모습이 안타까운 것은 여전하다.

인도 북부에는 부처님 8대 성지가 있는데 이곳을 순례하는 길은 고행이 아닐 수 없다. 여행 전에 준비하는 모임을 갖고 고행길을 마음에 미리 준비하였다. 세계 불교 신자들이 석가모니가 탄생하고, 득도하시고, 설법하시고, 열반에 드신 곳곳을 다니며 신심을 두터이 하고자하는 바램이 성지순례를 통해 드러났다.

2011년 인도는 불교국이 아니고 힌두교를 믿는 나라여서 불교 유적지를 복원하는 일은 생각조차 할 수 없다. 사찰이 건립되어 있는 것도 아니고 또 승려가 지키고 있는 것도 아니다. 인도 정부에서 파견한 관광 당국 관리가 입장료를 받고 관리를 한다. 순례자들이 켜놓은 촛불을 끄고 수거해 버리기도 한다. 그들에게 석가모니란 단지 관광 수입원의 한 부분일 따름이다. 대부분 붓다, 혹은 불교 유적은 발굴 당시 모습 그대로 관리되고 있다. 거의 폐허화된 유적을 보여 주고 있다. 순례자를 더욱 안타깝게 할 뿐이다. 순례자는 그저 상상으로 붓다 당시의 모습을 그려 볼 뿐, 라오스, 태국, 버마 등 동남아시아 불교국의 승려나 한국, 티벳, 중국, 일본의 승려와 독실한 신자들만이 안타까워 순례와 동시에 참배를 할 뿐이다.

성지를 순례하면서 붓다를 대하는 오로지 내 마음에 흐르는 사고의 엽편들을 간간 추출해 불교적 상상력으로 조심스럽게 형상화해 보았다.

2013. 5

강 영 환

제 1 부 맨발을 따라

제 2 부 여시아문

제 1 부

맨발을 따라

인도 가는 길

순례는 삼귀의로 문을 열었다
길 위에 반야심경이 흘렀다
강을 건너 여래 앞에 엎드렸다

'아침, 저녁은 추우니 옷을 갖춰 입고
황야에 먼지바람 부니 마스크를 준비하라
천지가 해우소이니 근심을 품지 마라
누구에게 의지하지 말고 자신을 믿어라
길은 가깝지 않으니 시간을 멀리 지녀라'

허리 통증이 발가락을 힘들게 할지라도
예정된 길은 넓고 큰 빛으로 열렸다

하늘 길 따라

구름바다에 연꽃이 피었다
남십자성 칼금 같은 빛이
하늘 밤길을 끌어주었다

발바닥은 진즉 인도에 닿아
미간에 먼저 밝은 빛이 서렸으니
굽 도는 강가강이 깊어지고
흰머리 수미산이 절로 밝아졌다

첫발 내린 인드라 간디에는
온몸 저린 안개가 마중을 나와
수줍은 뼈 속까지 한 걸음을 감췄다

* '강가강' 은 갠지스 강의 본래 이름. 갠지스는 식민 지배를 했던 영국인들이 부르는 이름.
* '인드라 간디' 는 델리의 국제공항. 인도 독립의 아버지 간디를 기념하여 붙인 이름.

바라보지 못하는 빛
—탄생 · 1

흙먼지 날리는 마을을 지나서
어머니, 지치지 않고 당도하신 언덕
룸비니에는 서둘러 밝은 꽃이 피었습니다

먼 길 온 새들이 가장 예쁜 노래로
깨달음에 이르는 길을 열어주실
붓다 오심을 축복하고 또 경배하여
날개짓을 멈추지 못하는 나비
그때 룸비니는 봄날이었고
눈이 작아 바라보지도 못할 빛이었습니다

룸비니 동산

—탄생 · 2

어머니, 무우수 나뭇가지를 잡으시어요
제일로 반짝거리는 그러나 낮은 데로 임하시고
더 높은 곳으로 인도하는 나뭇가지
빛이 오는 쪽으로 손을 내밀어 거기
하늘인 듯 꼬옥 붙드세요 문이 있고요
세상을 여는 문 안에 제가 있어요

더없이 든든한 무우수 나무 아래
모든 벌판 빛이 춤추는 걸 보았어요
그때처럼 환한 꽃이 피었습니다

꽃을 바치다
—탄생 · 3

수 억 겁 공덕을 쌓아 걸어 온 길은
스스로 연을 지어 닦으셨기에
첫 일곱 걸음을 떼시며 맨 먼저
이 땅에 수행자의 처음을 세우셨습니다

'천상천하유아독존'

온 길 만큼 가야할 먼 길 위에
꽃을 바친 여럿이 있었습니다
풀밭 위로 환한 발자국이 갔습니다

새가 날아들다
—마야데비 사원에서

묵언 참배 중에
두 마리인지 세마리인지 새가 날아들었다
법당 안을 짹짹거리며 한 바퀴 돌더니
난간에 잠간 앉았다 빛이 되어 떠났다

브라흐마 신이시여, 그대 손을 빌어
옆구리로 세존을 낳으신 마야 부인께서
품에 안으신 세상을 경배하였나이다

시작하는 땅은 기름지고
땅 끝에서 꽃이 문을 열었으니
날아간 새는 어디에 앉아있을까?

발자국 남기신 맨발은 멈추지 않고
돌판에 새겨진 형상은 아직도
보드가야 큰 나무 아래로 이어졌느니

왕의 영광

—룸비니 석주 앞에서

왕은 기둥을 세워 높이 경배하였다
더 낮게 엎드려
나는 무엇을 세워 표해 올려야 할까?
신발 벗는 재주 밖에 남지 않는 내게

안개는 아침 해를 가리고
그림자도 짓지 않은 석주를 돌고 돌아서
맨발은 어디에서도 쉽지 않다

길에 깐 붉은 벽돌이 닳아 사라졌을 때
맨발로 다시 그 분이 오신다면
더 낮은 땅에 엎드려 촛불을 밝히고
등으로 젖어 진 데를 덮어 드리리

*왕: 아쇼카 왕
*기둥: 아쇼카 왕이 세운 석주

키 낮은 늙은이
—구룡못

오직 낮은 뜻 하나로 못 가를 걸었다
오른쪽으로만
연못에 얼굴이 비춰 보일 때까지
두 손 모우고 백번을 넘어 돌았다

아기 붓다가 환한 미소로 걸어 오셨다
하늘에서 아홉 용이 내려와 축복한 뒤
아기와 어머니를 목욕시켜 드렸을 그때
우기는 풀뿌리를 깨워 스스로 깊어졌다

아홉 용과 함께 못을 돌았다
오른쪽으로, 오른쪽으로만
가득한 물 마를 때까지 못 가에는 여태
발바닥 닳아 키 낮아진 늙은이가 걸었다

흰 소와 검은 소
—가필라성 가는 길

곧고 길게 뻗은 길에
흰 소와 검은 소가 어깨를 맞대고
나란히 수레를 끌었다
검은 소가 물끄러미 벌판을 쳐다본다
반은 검고 반은 흰, 그렇게
스스로 몸 변하는 소가 되었다
먼 곳 언덕에 하얀 소가
진즉부터 풀을 뜯었다

성문 안에는 회색이 되어
갈 곳이 어디인지 찾지 못하고 두리번거리는
눈 큰 소 한 마리가 자신의
황금 똥막대기 위에서 깨지 못한 깊은 잠을
끝없는 되새김질을 한다
갈팡질팡 고개 흔들며
앞에 놓인 길이 구부러졌다

문 밖에
—카필라 바스투

동쪽 문 밖에는 늙은 수행자가 앉아있고
남쪽 문 밖에는 털 빠진 개가 다리를 절었다
서쪽 문 밖에는 새가 고개를 꺾고 죽었다

스물아홉 해 고통을 열고 북쪽 문을 나서니
강 건너에 빛밝은 아로마가 흘렀다

아직도 떠나지 못하고 남아있는 스투파
견고하고도 높은 오래된 안부여
몸 덮쳐오는 거대한 침묵에 들었다

*스투파: 탑

무너진 영광 앞에

—카필라 성 간와리아

카필라 성터 우물에 물이 솟았다
코 앞에 손 벌리는 아이들 어깨너머로
50년 전 내 또래가 손 벌리며 달려왔다

무너진 무덤 아래 잠들었던 사악한 시간에
밟으면 꺼져버릴 것 같은 연약한 그릇들이 놓여
아이들 커다란 눈망울에 어린 석가가 겹쳤다

안개 속에 묻혀간 카필라 왕국이여
붉은 사탕 한 알 건네는 손이 부끄럽고
우물에 씻은 눈이 밝아질까 두렵다

고행하는 석가상
—전정각산 암굴

그때 카필라성 북쪽문 밖
강 건너 아로마는 신기루였을까
흙먼지 이는 벌판을 가로 질러
몇 번인가 맨발은 걸음을 돌리셨다

동쪽으로 갈 것인지
남쪽으로 갈 것인지
산은 물 없이도 흐르는 강을 만들고
강은 불 타 오르는 산을 곁에 높였다

어둠을 가두고 홀로 앉은 암굴 속에서
어깨 누르는 미명에게 가서
맨발은 상처투성이 길을 안고 돌아와
바위 갈라진 틈에 연꽃을 피웠다

불타는 산
—전정각산

불 타 오르는 산이다
해남 미황사 뒤켠
꼭 빼 닮은 달마산이 있다
눈치없는 번뇌가 타 오르는 산이다

평원을 가리는 산이 오랜만에
눈을 태우는 바위를 보았다
깨뜨려도 일어나는 안개 위로
꺼지지 않는 불꽃이 타 오른다

산에 들어 눈 감은 동굴 속 그대
몸을 비운 사나운 불꽃이 피어났다
고행도 인연을 붙들어 매겠지
산을 무너뜨린 맨발이다

미명을 넘어
—수자타 마을

흙먼지 바람 광야를 넓히고
벌판을 가로 질러 맨발이 갔다
미혹을 떨어내기 위한 오랜 방황이
목마른 강을 건너 길을 찾는다
암굴 속 미명이 짓누르는 어깨를 견디느라
늑골은 살가죽에 깊은 골을 만들었으니
어디에 간들 꽃을 못 피우겠는가
몸은 이미 고행에 익숙해졌다

여느 날 아침처럼 산에서 내려 와
안개 자욱한 강가에서 발을 씻었다
들판에서 양떼를 몰던 처녀가
양젖을 짜 맨발에게 건넸다
장자의 딸, 부끄러운 수자타여
그대 건넨 한 잔 우유가
비우고 또 비운 몸을 가득 채우고
들판을 건너 세상을 적셔 줄 줄이야
강가강에도 푸른 젖이 흘렀다

따뜻한 양식으로 그걸 알았느냐
차고 어두운 동굴을 떨치게 하여
뼈 속 깊이 침전된 고통이 풀려났다
미명은 찰나에 사라지고 맨발은
오랜 방황이 끝난 후 적요에 들었다
보리수나무 따뜻한 그늘이 가까워졌다
피안을 향해 막 닻을 거두는 배다

*수자타 처녀: 전정각산 아래 마을 장자 수자타의 딸로 석가 출가 후 6년 고행을 하던 중 목욕을 마친 석가에게 한 잔 우유를 건네 고행에 지친 몸을 회복케 하였다. 이후 고행은 부질없는 일이라 여기고 보리수나무 아래로 자리를 옮겨 참선 정진하여 깨달음에 도달하였다.

떠나는 도반
—수자타 공양터

탑을 돌아가면 피안이 보일까
발 씻어 마른 강에 물이 보일까
우유를 든 처녀 대신 아이들이
펼쳐 보인 것은 기부금명부였다
한국어 학당이 왜 여기 필요한지
함께 있어도 유성을 보지 못한
다섯 도반이 먼저 문 앞을 떠났다
탑신 정수리에 사는 보리수나무에게
그늘이 보이지 않는다고 떠난 바람일까
아침 한 잔 우유에 젖은 목이
보리수 나무 아래로 가는 길을
손짓해 주지 않았다
낮아진 탑은 그림자를 지웠다
수자타 처녀는 어디에 있을까?

순례자의 발
—보드가야 대각성지

한 점에 섰다 시끄러운 속살
불이 꺼지지 않는 보드가야에
나무를 깨우는 독경소리 그치지 않고
순례자의 맨발이 등불을 걸었다
적멸은 한 나무아래에서 비롯되었느니

돌밭을 건너 온 길에 찍은 발자국
네 안에 끊어진 강가강을 들여라
두 손 모아 탑을 돌고 돌아도
점을 찍는 뜨거운 경지는 쉽게
낯선 이마에 오지 않는다

얼마나 더 견뎌야 연비자국이 뜨는지
두 손 모우고 엎드려 마음 비워도
발바닥 물고기에 닿을 수 없고
무수히 떠가는 한 점에 침몰할 뿐
새벽 독경은 나무를 깨우지 못한다

무상보리
—나무아래

보리수 처진 가지 잎을 떼어
순례자 뒤를 따르는 동자승이
동, 서로 바쁘다
광명은 나무아래에
큰 그늘을 짓는 법인지
시간이 가도 수행자 얼굴은 변함이 없다
서툰 가부좌에 적요는 언제 찾아올까

룸비니 동산을 떠난 새가
나뭇가지를 건너 다니며 지저귀었다
하늘 소리가 달리 들려오는 것은
큰 나무아래 무상보리를 얻은 탓인지
내 옷깃에는 물음표만 매달리고
커다란 적요를 세우는 그늘 아래
엎드린 구도자의 명상은
동자승이 내던지는 나뭇잎에 반짝 숨었다

높고 깊고 넓은
—7.7 선정터

맨 처음을 누구에게 알렸을까?
보리수 나무아래
지극한 무상보리를 얻은 기쁨을
눈시울은 나무에 닿아 느껴오는 감격에 젖어
나무 곁에 서서 나무를 지극히 바라 보셨다
자리를 옮겨 언덕 위에 앉아서도 그리 하셨다
네 번째 주에 선정에 들어 계실 때에
몸에서 나는 오색 빛이 하늘로 솟구쳐
사방 천리에 뻗고 그 빛을 보고
놀란 사람들이 땅에 엎드렸으니 그때
높고 깊고 넓은 무상보리를 처음 보았다
남쪽 연못에 들어 목욕할 때는
머리 셋 가진 코브라가 몸을 세워 지켜 주었다
49일 동안 일곱 군데를 옮겨 다니시며
해탈의 기쁨을 함께 나눈 보리수여
그때 나무 그대로 내게 왔다

금강보좌

—보드가야 대각성지

온 사람의 눈에 들어서도
높고 높으도다 대광명의 보리심
빛에 부셔 첫눈에도 볼 수 없어
눈물이 가슴을 덮는다

나무아래 불현듯
끊어진 정각에 기대어 앉으면
다가설수록 미명은 떨어져 나가고
금강보좌에 앉으신 간절한 눈물
눈을 씻는 어둠도 익숙해지느니

북 받혀 오르는 감격에 가슴 미어져
엎드리고 또 엎드려 빌어도
높은 그대 맨발에는 닿을 수가 없어
탑 둘레만 낮게 돌아서 왔다

합장

—부다가야 석주

어디서나 홀로 우뚝했다 왕의 석주는
무심코 지나쳐 가는 기둥이 아니다
지친 보따리를 기대놓고 순례자는
열린 문 앞에서 문을 찾는다

안색을 풀지 않는 석주는
군중에 떠밀리고 밀려
벌판에 서 있어도
우러르는 합장을 풀지 않았다

전리품으로 빼앗기고 남은 빈 자리
하늘 떠받는 소임을 새로 맡았지만
대탑에 걸린 하늘은 내려서지 않았다

미얀마인

—부다가야 대탑

눈 밝은 순례자여
미얀마인의 숨은 손을 기억하는가
대각성지에 탑을 세운 그들을

흙을 쌓아 탑을 감추고
다시 파내는 노동으로
빛나는 기둥을 지켜 온 지혜를

불법이 사라진 탑그늘 아래
숱한 발자국이 탑을 높일 뿐
그들의 공덕은 들키지 않았다

탑을 높이고 높인 손들을
맑게 닦아 세우는 일
누가 그치려 하는가

물소리
—부다가야 대탑

탑에서 물소리가 들렸다 몹시도
향기롭게 출렁거리는 선율은
경배하는 갖가지 노래가 섞여
높은 곳에 이른 물이 된 것일까

지상에 흘러 지상을 맑히는 물
지하에 가서 지하를 적시는 물
하늘에 닿아 하늘을 밝히는 물
가슴에 들어 가슴을 태우는 물

탑을 도는 물소리가 섞이고
다듬어져 끝없는 고요에 닿았을 때
발자국 남기지 않고 흘러가서
가슴에 든 수레를 굴려갔다

만행

—부다가야

내 마음 속 안개는 새벽녘
순례자들로 넘치는 길을 감췄다
독경소리 평원에 울려 퍼지고
파종된 겨울 씨앗을 싹 틔웠다

일천겁도 더 오랜 되풀이다
보리수 나무아래 밤을 새워
오체투지로 경배하는 티벳 승려들 분주하고
붉은 가사보다 더 붉게 타는 노을은
흔들리는 보리수를 감싸안았다

만인종의 각기 다른 말로 세우는 경배가
새벽 대탑에 종을 울렸다
벌판에 멀고 먼 맨발은
어디에다 목마른 하루를 멈춰 세울까?

강가강 가에서
—바라나시

달리는 법당에 예불이 끝났다
벌판에 어둠이 걷혔다
덜 깬 잠에도 꽃이 피었다

대각성지에서 초전법륜지로 가는 동안
어둠 속으로 겁 없는 새벽 기차가 가고
화물차가 가고, 주인 없는 개가 갔다

힌두교도들이 강가강 가에 몰려 와
강물에 생사를 씻었다
물소리가 머리 위에 펄럭였다

빛살 충만한 얼굴에
안개가 사는 항하사는
언제부터 눈물을 기다리고 있었을까?

수레바퀴 속으로
—사르나트 초전법륜지

축복의 땅, 유채꽃이 피고 파종된
순례자의 땅에서도 노란 민들레다
다 가지 못한 들판도 비어있다

그대 있어 더욱 찬란한 빛이
명상 속에서 망고나무가 향기를 품고
강가강 모래알만큼 많은 열매가 열렸다

숱한 강 많은 모래알 속으로
흩어져 가는 민들레 홀씨
가서 만법이 되라 하신 뜻이었을까

빛이 오시다
—영불탑

명상의 땅 사르나트에
기다리던 빛이 왔다

천둥 번개 휘몰아친 뒤 먹구름이 갈라지고
두려움에 떨고 있던 가슴에
환히 내려서던 빛줄기를
온 세상이 밝은 눈을 뜨고 맞이했다

빛을 맞이한 눈들은
수자타 마을을 먼저 떠난 다섯 도반
맨발을 씻어 드린 뒤
발가락 끝에 이마를 조아렸다

봄을 맨 처음 맞이한 땅
사르나트가 곧 빛이다

최초의 법
—녹야원

삼일 간 침묵이 문을 열었다
사슴과 첫 눈이 마주쳤지만
숱한 풀벌레와 새와 염소와 소떼가 함께 했다

우바새 우바인이 몰려 와
최초에 법을 받들었다 첫 말씀 앞에
다섯 제자가 앉아 있었고
문 앞에 놓인 숱한 꽃들이 고개 숙여
영광 앞에 놓인 빛이 되었다

풀밭을 걸어 오시는 맨발 앞에
먼저 풀잎을 깨운 눈이 있었다
달디 단 바람이 입술과 함께 했다

네 개의 눈
—법안보탑

거대한 탑에 손을 갖다 댔다
전율이다 온 몸에 말씀이 흘렀다
맨발을 타고 흘러 나가
땅밑 천둥소리가 귀를 뚫고 솟았다

밝은 눈이 되어
바로 보는 눈이 되어
더 멀리 보는 눈이 되어
어둠에 감지 않는 눈이 되어

미혹을 떨친 자리
함께 가지 말고 따로 가서
꺼지지 않는 등불 하나씩 켜라
사방에 놓인 수레바퀴를 굴려라

그대 앞의 수레바퀴
—법륜보탑

그대 앞에 길이 있다면
수레바퀴를 굴려라

그대 앞에 길이 없어도
수레바퀴를 굴려라

지치지 않는 수레다
멈추지 않는 바퀴다

바퀴를 굴려가다보면 길이 나고
길은 더 많은 이마를 빛나게 하느니

그대 앞에 수레바퀴가 있다면
지치지 않는 그대다

네 마리 사자
—녹야원 석주

석주 끝에 앉은 네 마리 사자가
포효하는 대신 애초부터
눈 시린 벌판을 응시하였다

꽃이 지고 꽃이 피고 사방에서
무슨 뜻을 전해 올렸습니까 왕이시여
멈추지 않는 당신의 사랑 앞에
말로 다 할 수 없는 높이와 깊이에
멈출 수 없는 침묵으로 무릎 꿇습니다
빛으로 왕을 경배하신 왕이시여
내 닻을 빈곳은 어디에 두었습니까

아득한 벌판 멀리서도 보이는 기둥 위에
지금도 사자는 앉아 있습니다
동쪽도 서쪽도 남쪽도 북쪽도
이전 그대로입니다

법신 앞에서
—사르나트 박물관

기둥을 잃어버린 네 마리 사자가
네 방향을 각기 응시하면서 함께
수레바퀴를 이고 있다
어디론지 굴려가고 싶은 수레바퀴를

형상으로만 벽에 걸린 숱한 부조는
목마른 순례자에게 화현하신 모습
눈을 감지마시라 그대 안에 모셔 온
오래된 법신 아니시던가?

내 안을 굴러가던 고장 난 수레바퀴는
구르는 기척도 없이
내 어깨 위를 굴러 갔다 발은
목이 말라도 멈추지 못한다

사방
—사르나트 박물관

인도사자 한 마리가
기둥 위에 앉았다
동쪽이 밝아졌다

또 한 마리가 기둥 위로 갔다
서쪽이 넓어졌다

또 한 마리가 가서 앉았다
남쪽이 따뜻해졌다

또 한 마리가 갔다
북쪽이 고요해졌다

사라진 역사 앞에서

—라즈기르

협소와 광활함이 벌판에서 만났다
빨리와 천천히가 가로질러 만났다
먼지 이는 벌판을 수레바퀴가 굴러갔다

라즈기르 가는 길에는 건널목이 많아
기차길과 도로는 서로를 가로막고 있다
가는 길이 다르다고 갈라서버렸다

무너지고 흩어지고 깨어지고
다시 이루고… 그것이 수레바퀴 흔적일까?
다시 오실 여래시여

염화시중의 미소

—영축산

안개는 광명을 보러가는 길을 막았다
눈에 불을 켜고 사자후를 토하며
영축산을 오르는 순례자는
걸음, 걸음마다 촛불을 담았다
산 위에 공중의 꽃이 피어난 뒤에
눈 먼 안개가 걷혔다

날개를 펼친 독수리가 주인을 기다렸다
향실에 앉아 설하실 때처럼
오늘도 연꽃을 들어 보이실 여래시여
가섭존자는 보이지 않아도
염소똥도 금강으로 보는 사람이 있어
일만 대중이 미소 잃음은 어떠할까?

*영산회상 터: 연꽃을 들어 보이신 곳.
염화시중의 미소: 들어 보이신 연꽃에 가섭존자가 미소로 답함.

왕사성에 뜬 해
—죽림정사

바위산을 감추었던 안개가 걷히자
왕사성 공중에도 해가 났다
번성했던 왕국이 미명 속으로 사라진 뒤
대숲은 이교도의 무덤이 되었다
나고 사라짐에 왕도가 없으니 어찌
연못에 발을 담은 아난다 보리수여
가람을 지키지 못하였다 누가 이르는가?
그때 빛나던 해가 연못 속에 떠올랐다

등을 남기고 떠나는 발을 축복해주십시오
대숲에 이르지 못한
왕사성 공중에 뜬 해도 지지않는
둥글게 핀 꽃 하나입니다

*죽림정사는 불교 최초 사원

업보를 따라가다
—빔비사라왕 감옥터

아버지시여, 어찌 그리하였습니까?
몇 년을 참지 못하고 저지른 업보는
제 힘으로도 끊을 수가 없어서
벌판에 땅굴을 파고 말았습니다
그곳이 아버지가 계실 곳입니다

아들아, 너도 자식을 낳아 길러보면
아비의 업보를 벗어날 수 없을 터이니
내가 너를 낳고 다시 네가 나를 낳고
거듭되는 사슬은 끊을 수가 없어서
네 말발굽소리에 나 먼저 떠난다

견고한 침묵
—스라바스티 가는 길

느린 안개가 몸을 살찌게 한다
맨발로 찾아가는 견고한 침묵
나무 오백 나한이 줄을 서 있다

길 위에 펼치는 아이들 손보다
차창을 지나가는 낮은 풀잎이
언제 함께 이마가 뜨거워졌을까

누가 비운 하늘인지 끝 모를 어둠이고
허리 통증이 사라질 때 쯤
발바닥에 뭉개진 쇠똥이 해탈을 말한다

눈이 내렸으면

—기원정사

눈雪은 세상을 둥글게 한다
눈이 내렸으면 좋겠다
폐사지에도 대지의 꽃이
둥글게 부풀어 공중에 떠오르고
간절한 공양이 세운 스투파는
몇 천 년을 이어져 오듯
눈으로 다시 이어갈 것이므로

거친 땅을 가는 맨발 위에도
숨소리 들리는 벽돌 침상 위에도
빈 설산은 아득하여 함박
함박 피어나는 하늘 꽃이 환하게
입맞춤을 덮어 주었으면
지상에 닿기 전에 사라진 눈이
낮은 언덕 높이 선 집에 들어
공중에 핀 꽃이 되었으면

폐사지 우물
—기원정사

목 마른 나무 기둥이
수억 잎을 하얗게 펄럭거리며
하늘 떠받드는 길을 지나
방향도 없이 맨발을 따랐다

우물물 올려 씻으면 눈이 맑아질까?
마음까지 씻을까하여
철 없이 세 모금 마셨더니
부처님 가신 뒤 설사가 났다

갈증 뒤에 찾아오는
잘게 부서지는 빛 때문에
눈 보다 마음이 밝아져오는 침상 곁에서
설사 향기가 퍼져나는 걸 보았다

세존을 처음 만나러 가는 수닷타 장자
—스라바스티

들짐승 숨어있는 숲도 두렵지 않았다
길은 급고독 장자에게 열렸다
이름 듣는 것만으로도 가슴이 뛰고
설렘으로 달아오르는 얼굴 숨길 수가 없다
이처럼 가슴 두근거려 본 적 있을까
곁에 선 나무가 눈치챌까 두렵고
따라 나선 별빛이 훔쳐갈까 두려웠다

뒷날 만날 수도 있겠지 말리지 마십시요
오실 때까지는 너무 먼 고독이었습니다
발자국도 없이 땅 위를 떠서갑니다
숲 가까이서 여우 울음소리 들려 와도
생전 처음 만나는 기쁨이 두배요
이슬 떨어지는 하늘 아래이어도
가는 길에 충만한 별빛이 따르느니

어둠도 가는 길을 숨기지 못합니다
개울도 건너는 발을 적시지 못합니다

새벽길에서 만난 빛에 눈이 뜨이고
세존이시여, 고대하던 발아래 엎드렸나이다
발에 입맞춤하고 품에 들고 싶은
광명에 눈 뜨게 하신 영원이시여
무엇을 바쳐 맹서를 전해 올리리까?

기타림급고독원
—기원정사

황금으로 덮였던 땅 위에 섰다
네 발을 벗어라
말씀 이전에 신발을 벗었다

스물여섯 번째 우안거가 다가오고 있느니
향실에 촛불을 밝히고 손을 모았다
입술은 안개비 아니라도 젖어 들었다

수없이 찍혀진 발자국에 발을 맞춰
법을 입고 뜻 없이 걸었던 미명 속
가는 네 길에 걸음을 멈춰라 하십시요

마려운 눈물을 마구 쏟아내고
침상에 이마를 갖다 대니
숱한 껍질들이 떨어져 나갔다

아직 맨발인 바람
—아난다 보리수나무 아래

아난다와 함께 앉으셨던 나무그늘 속으로
쉽게 부는 바람은 아직도 맨발입니다

무욕에 나란히 맞닿은 달콤함이여!
마셔도 다함없는 시원함도 맨발입니다

그때처럼 나무아래는 그늘이 가득하고
벗길수록 색이 빛나는 광채에 듭니다

어디에서 다시 쉬어 갈 수 있을까요
수미산이 겨자씨 속에서 울었습니다

손가락 목걸이
—앙굴리마라 스투파

아흔 아홉 개 손가락을 목에 걸고도
부족한 한 개 손가락에 눈이 멀어
걸음을 멈춰 서지 못한 앙굴리마라가
제 어머니에게로 달려갑니다

나아가시면서 멈춰 선 세존이시여
열 손가락 다 잘려진 숱한 나는
어디에다 미명을 떨칠 수 있을까요?

무너진 벽돌집에서 들려오는 비명에
내 가는 길이 피에 젖습니다

아흔 아홉 손가락

—앙굴리마라

'자, 나는 멈추었다
이젠 네가 멈춰야 할 때다'

스라바스티에서 부산 내 집까지는
가야 할 먼 길이 다시 남았다

낮아지지 않는 수미산과
멈춰서지 않는 강가강이여

걸음마도 못하는 발가락을 잘라
앙굴리마라 동굴에 바쳤다

망고나무 숲
—천불 화현터

망고를 자시고 씨를 뱉으셨다
싹이 터 천개의 망고가 매달리고
천개 망고나무가 일천 부처님이 되셨다

일천 부처님이 다시 망고를 자시고 씨를 뱉으셨다
싹이 터 수 천 열매를 단 일천 망고나무가 되고
일천 나무 망고가 모두 부처님이 되셨다

망고나무 숲 언덕에 열린 도리천에 들어
가는 길을 물었다

그리운 말
—도리천에서

망고나무 숲에서 도리천에 오르시어
룸비니 이레 만에 떠나보내신 어머니
말로는 위로를 다 나눌 수가 없었다

끝없는 사랑이 바라밀을 이루었으니
꽃을 피운 도리천에 문이 열렸다

하늘 사람들이 모여 경배하였다
윤회를 벗어난 하늘에 꽃이 피었다

예약의 땅
—상카시아

들판에는 그때처럼 바람이 거셌다
도리천에 어머니를 위무하고
삼십삼천을 밝힌 뒤
망고나무 숲 화현을 거두어 들이셨다

다시 오시기로 약속 한 땅 상카시아
스투파 위에 앉으신 마야 부인이
흰 코끼리 꿈을 안고 계셨다
밝힌 촛불로 먼 길 마주하며

무너진 탑을 쓸고 가는 햇살을
맴도는 바람이 흔들었다
작은 풀잎 그늘 아래
문이 열리고 맨발 끝이 보였다

꿈의 계단
—상카시아 바스투

아침 안개 속 크게 몸 흔들리며
낮은 땅 무너진 길을 돌아
가장 높은 상카시아에 들었다
다리 끊어져 굴곡진 진흙 밭으로
빛을 따라 돌아서 갔다
젖은 땅은 오지도 평지였다

아직도 흙더미 속 계단이다
부서진 벽돌로 이어붙인 층계를 타고
도리천에 오르시는 어머니
당신의 터는 너무 작고
나의 눈은 너무 커서
가까이 한 도리천도 어둠이었다

꿈에 비친 광명

—상카시아 석주

코끼리는 코가 깨져서까지 남아 있다
왕의 기둥은 여기서도 고독하다

도리천을 다녀오신 세존이시여
꿈에 비친 광명을 한 번이라도
만나고 싶었을 바램이 부서졌다

어디엔가 버려져 풍화되고 있을 기둥을
기다리지도 않는 코끼리 눈이었다

털 빠진 개
—대림정사

마르고 길쭉한 얼굴로 안량미는
숨결에도 날아가 버릴 것 같은 맨발이다
창녀 아무라빨라의 만卍자 집터
우기에 거처하셨던 처소에도
햇살은 그때처럼 따뜻하게 내렸다
발자국에 맑은 물이 고였다
처음으로 입적을 말씀하신 뒤
동쪽으로 훌훌 떠나신 곳에는
싸늘한 건기에 더 많은 햇살이 와서
털 빠진 늙은 개를 데워 주었다

길을 지키는 사자
—대림정사 석주

높은 곳도 낮은 곳도 없는 땅
길도 없고 이정표도 없는 벌판을 걸어
그리도 총총 케살리아로 떠나셨다

언제 어느 때 돌아오실는지
기둥 위에 사자는 눈 한번 꿈쩍 않고
가신 길을 온전히 지키고 앉았다

왕의 간절한 바램이 온전한데도
돌아오지 않는 맨발은 어디에 머무시나
늙지 않는 사자를 기둥 끝에 매었다

목욕 공양을 올리다
—원숭이 연못

부처님께 올릴 공양물이 없는 원숭이가
네 발로 땅을 파서 연못을 만들고
목욕 공양을 정성껏 올렸다

발톱이 다 빠져버린 원숭이를 본 여래께서
이들을 축복해 이르셨다

'너희에게도 불성이 있느니라'

못에 비친 내 몸 어느 구석에서
불성을 끄집어 낼 수 있을 것인지
원숭이만도 못한 낯바닥이
도무지 비쳐보이지 않는 연못이다

스승님 떠나시고
—아난존자 사리탑

무너져 내린 헌집 옆에
집터를 새로 닦는 사람들이
붉은 벽돌로 수미탑을 쌓아 올렸다

금박을 붙인 탑에 이마 대고 조아렸더니
내게도 당신 기리는 탑신이 반짝거렸다

스승님 떠나시고, 아난존자시여
사방 흩어진 제자들이 그립습니다

돌아오지 않는 길

—바이살리

미명에 잠긴 쿠시나가르 다비탑을 뒤에 두고
산 없는 벌판을 가로 질러 걸었다
달리는 법당에 울려 퍼지는 천수경에 울컥
천 년 전 마른 목이 메여 왔다
마지막 공양이 너무도 안타까워서

춘다를 지나 케살리아로 가는 길
뿌연 흙먼지 허공을 채우고
풀밭 위를 걸어오시는 맨발이 있다
어디로 가시나이까? 여래시여
돌리소서 부디 발걸음을 돌리소서

*여래께서는 춘다에서 마지막 공양을 드신 후 병에 걸려 쿠시나가르에서 열반에 드신다. 위 여정은 석가모니와 반대로 가는 여정이다.

끝나지 않은 공양
—케살리아 발우탑

떠나시지 말라고 옷자락 붙들었지만
황야에 맨발로 기어이 나섰다
작은 발우탑을 쌓아 공양 올리오니
떠나시는 길 부디 몸 성히 간수하소서
넘치고 또 넘치는 발우에는
먼 하늘에 가득 구름이 떠갔다

몰려와 맨손을 내미는 아이들
먹어도 끝없이 고프기만 한 지
숨바꼭질로 자꾸만 탑을 돌아왔다
손 흔들어 주어도 대꾸도 않는 소들처럼
발우탑 높이만큼 쌓아주어도 모자랄
끝나지 않은 공양은 멀기만 하다

마지막 공양

—춘다 공양터

첫 숟갈에 목이 메였을 테지요
그리될 줄 아시면서, 아시면서도
공양을 물리치지 않으셨습니다

인연 없는 뜻이 어디 있겠으랴만
지나온 길을 돌아보지 않아도
북 받혀 오르는 감회에 젖어 뒷모습은
평원을 지나는 흙바람에 가물거립니다

노숙에 지친 허리에 다시 통증이 오고
더 높은 곳, 더 높은 곳으로
가야할 길을 재촉하는 맨발입니다

열반의 땅
—쿠시나가르

빛 밝은 문이 열렸다 여태
옆으로 누워 몸을 풀지 않으셨다
황금 발바닥에 찍힌 숱한 이마 위에
멀리서 온 한 이마를 갖다 댔다

미명인 내게도 문을 열어 달라고
작은 틈 나눠 달라고
세 번 조아린 마음을 또 조아렸다

시간에 쫓겨 달아나는 아라한
눈 먼 중생이여
맨발에 길을 또 묻고 싶어
황금가사를 쥔 손을 떼지 못했다

큰 깊은 잠
—대반 열반사

한 깊은 잠 앞에서 눈물이 났다
관 밖으로 맨발을 내시어
평생 걸었던 길을 보이신 뒤

두려워 말라 나는 언제나 맨발이다
나를 믿지 말고 길을 믿어라

그래도 미명은 두렵고 멀었다
평원의 안개 속은 더욱 아득하였다

'무쇠나무에도 꽃이 피고
타는 불빛 속에서도 피는 연꽃' 은
출렁거리는 들판 어디를 걸어오는가?

끝없는 시작
—쿠시나가르 다비장에서

동틀 무렵부터 해질녘까지 종일
사리탑 벽돌을 세다가
어두워지면 셈을 잃어버리고 다음날
눈 밝은 아침이면 다시 쌓아 올리는
애먼 늙은이가 평생을 그리 살았다

다비장 터를 여태 떠나지 못한 채
어둠이 오기 전에 다 세지 못하고 다시
아기가 된 노인이 벽돌을 헤아리고 있다
끝없는 시작으로 보낸 시간들이
검게 그을린 벽돌에 붉게 스며들었다

제 2 부

여시아문

무명 부도탑

—나란다 대학

거품 속에다 파도를 가두는 동구 밖에
매립지는 붉은 옷을 입고 간다
끊어진 찰나가 상처였고
떠나온 집에 다시는 돌아가지 않으리
가장 높은 곳에 이르지 못한 채
탑 높이로 주저앉고 만 낮은 길들이
묵은 먼지에 덮여 그을렸으니
탑을 싸고도는 두터운 미명은 스스로
나무 그늘 속으로 흩어져 사라지고
쌓아올린 찰나에 물든 종소리가 흘렀다
수보리 사리탑 정수리에 꽃이 피었다
낮은 부도탑 위에도 꽃이 피었다

여시아문如是牙門

—수보리 사리탑

시간에 그을린 붉은 벽돌 속
지문이 파문져 말씀을 전한다
벽돌로 쌓아 올린 수보리존자를
빈 손으로 만났다 이상하다
몇 천 년이 되돌아간 경전 밖에 선
거대한 탑 앞에서 눈이 투명하다

여래 앞에 엎드린 수보리가
'여시아문'
탑 밖으로 걸어 나온 세존께서
눈앞에 연꽃을 들어 보이셨다

나는 그 꽃을 다시
누구에게 옮길까

무문관 앞에서
—나란다 대학

입학원서에는 문이 없다
드는 문도 나는 문도
본래 없는 문 앞에서 숱한 시간들이 죽었다

스스로 울타리를 두루고 무문관을 만들어
허가 없이 들었다 그러나
평생 울타리를 뚫고 나서지 못한다면
뒷마당 낮은 부도탑으로 서야한다

수구로 빠져 나가는 물이 되어서라도
목 타는 경계를 벗어나고 싶었지만
티끌이 함께 가자 발목 붙들어
벽을 마주하고 앉은 어둠은 소리 없이
흙투성이 온몸에 벽돌처럼 굳어졌다

드는 문이 본래 없으니
나는 문을 어디에서 찾을까

강가강 일출

천만 년 전에도 그랬듯이
항하사 언덕 위로 솟구친 아침은
공중의 꽃으로 피어나
사방 미명의 벌판으로 흩어져
때로는 등불이 되기도 하고
젖은 항하사 모래알만큼 많은 세상 곳곳
어둠이 사라진 자리에 들어
하나 뿐인 꽃으로 피어났다

동쪽으로 가서 동쪽을 밝히고
서쪽으로 가서 서쪽을 밝히고

이윽고 강가강에 몸담는 이에 들어
눈 밝은 심장이 된다
물고기 가슴지느러미가 된다

항하사

쪽배를 타고 피안에 이르러서야
그리던 항하사를 만질 수 있었다
숱한 은유로 안개 속에 숨었던 모래알이
새가 되어 누워있기를 기대했다
설산의 눈물에 몸을 씻어 단장하고
떠내려 와 머물고 머물다 떠나고
숱한 발자국이 지나가는 강가에는
처음 온 모래알로 다시 가득찼다

피안에 닿으려면 빛이 모자라느니
장엄한 서사시 앞에 줄 지어 선 이교도들은
가트에 몸을 씻고 햇살에 말렸다
모래알만큼 많은 찰나를 기다려야 다시
모래가 될 것이다 만났던 사람들이
손가락 사이로 새 나가고
긴 모래밭을 가로질러 갔다
피안 이쪽은 언제나 따뜻한 햇살

무덤의 반란
—아그라 타지마할

물에 빠진 타지마할에는 아무도 없다
못에 잠긴 그림자도 구름뿐이다
우바새인이 가기로 한 그곳에
모인 사람은 누구도 없다
왼쪽 끝에서 기차가 오고 오른쪽에서도 오고
동시에 이곳을 지나가기로 했다
길은 외길, 기대하는 충돌은 없다
죽은 이도 떠난 지 오래다

입으로 짓는 죄업이 커서
기차는 아그라에 다시 오지 않았다
아침 안개는 정오가 되어도 걷히지 않고
망고나무 가지 위에 춤추는
가릉빈가가 모닥불 속으로 걸어 갔다

물 없는 강

물이 숨어버린 흰강이 흘렀다
안개가 강물을 대신하고
물을 가두지 못한 모래가
멈춰 선 안개 대신 흘렀다
안개가 씻어가고 남은 희디 흰 뼈로
물을 감춘 모래가 강물이다

강물은 안개가 되어 떠났다
나무 끝 팔랑대는 잎에 앉아보고 싶어서
지붕 위에 흘러보고 싶어서
탐스런 연꽃 봉우리에 가 닿고 싶어서
끝없이 흘러 다니는 안개가 강물이다

강물은 날개를 달았다 벌판에서
갖고 싶은 것이 많은 강물이 흩어졌다
물을 숨겨가진 강이 멀리 갔다
안개는 사방으로
모래 강물처럼 쏘다니고 싶다
모르는 별에 가서 흐르고 싶다

벽돌공에게

수닷타 장자 집터나 앙굴리마라 집터에 남은 2555년 된 붉은 벽돌을 굴뚝에 하얀 연기를 내며 굽고 있는 사내여!
기원정사 무너진 터, 윗옷을 벗어 제친 검은 빛 팔뚝에 땀방울 맺힌 것도 잊은 몸이여
방황과 고행을 요구하는 벌판은 그때처럼 풀빛을 키워 길을 감추고 모래 덮인 마른 강은 끝없는 갈증을 불러 누워있구나
이제야 수고로운 네 눈을 쉬고, 그대 구웠던 벽돌의 수만큼 굽혔다 폈다하던 허리에 휴식을 주어라
들판에 사탕수수를 키우고 유채꽃을 피우고 계신 뜻을 아는 이는 맨발로 흙먼지 길을 걸어 아직 당도하지 않았으니
그것도 모르는 나는 언제 짓지도 않은 집에 돌아갈 수 있겠는가
내 눈은 무너져 깨어져도 여전히 색에 빠져 푸른 소가 지나감을 보지 못한다
벽돌로 쌓아올린 집은 여전히 불타오르는 육신을

태우고 영혼까지 덮쳐 올 것이다

옷자락에 스친 벽돌이 종잇장이 되어 납작 엎드릴 때까지 벽돌을 구워 온 여래시여!

집터를 적시는 빗방울 하나에도 맨발을 추억하고 엎드린 보리수나무 가지를 생생히 보고야 말았으니

해와 달빛 아래 그을린 살갗이 검은 화석이 될 때까지 벽돌을 굽고 집을 지으리라

집에 들인 맨발을 씻어 이마를 대고 길을 묻고 또 묻는 영광을 앞에 세우리라

어떤 경계

경계에는 다 문이 있다
문이 없으면 경계가 아니다

집을 짓기 위해 사람들이 흙을 져 날랐다
낮은 땅을 돋워 길 높이에 맞추기 위해
경계를 짓고 터 닦는 일에 벽돌을 쏟았다

그러나 아이들 학교에는
울도, 담도, 문도 없다
가지지 않았는데 경계가 무슨 소용이랴
천지를 해우소로 쓰는 맨발에게
경계를 찾는 그대 눈 먼 사치다

들판에는 터를 닦아 짓다만 경계가 널려있다
집이 다 되어도 발 벗은 사람들은
화장실은 문 안에 들이지 않았다

건널목 간수

기차가 올 때까지 기다렸다
지나갈 시간은 예정되어 있다
그때까지 건널목은 자유다
제 시간에 기차는 오지 않을 수도 있어
귀를 열고 신경 곤두세워 기다려야 한다
언제 당도할지 모르는 기차는 오고야 말 것이므로
삐걱거리는 낡은 의자에 앉아 졸고 있어도
등받이에 허리를 곧추 세운 장자가 있다

산모퉁이를 돌기 전에 기차는
숨 가쁜 기적을 울리며 기다리던 간수에게
출현을 알렸다
장자는 건널목 앞에서 경건해진다
기차가 올 때까지 건널목을 지키고
녹색 깃발을 펄럭이며 기차를 배웅한 뒤에도
건널목을 떠나지 못한다 낡은 의자는
졸고 있을 장자를 기다렸다

연기緣起

여자는 일하고 남자는 놀았다
전생의 업이다

여자는 기도하고 남자는 일했다
이승의 업이다

남자는 소가 되고
여자는 남자가 되었다

남자와 여자가 수천 강을 건너서
오늘은 한 집에 살았다

업業

주인 없는 소가 똥을 누고 간 들판 위에
엉덩이 까고 여인이 앉아 있다
몰려 온 안개가 벌판 문을 닫았다

길 가에 세운 작은 기념품 가게에
아침 열쇠를 따고 문을 여는 장자가 있다
외국인 관광객을 태운 버스는
정차하지 않고 벌써 지나간 뒤다
다음 차는 예견할 수가 없이
새것 같은 진열품에 먼지를 털어낼 때
양떼 한 무리가 가게 앞을 지나갔다

여인이 안개를 밀치고 나섰다
천 년 전 미소를 지어보이며
문 열린 벌판이 풀빛으로 환해졌다

길에 나앉다

건기는 하릴없이 길에 나앉았다
염소 떼를 몰고 노인이 지나갔다
고삐 없는 흰 소도 느릿하게 아주 멀리
만다라 장식으로 반짝이는 화물차도 지나갔다
번개처럼 스쳐갈 여래는 여태 오지 않았다
한 눈 파는 잠간 사이 맨발로
가시밭 눈앞을 지나갔는지 모를 일이다

남들 다 쉽게 구하는 옷과
마음을 비우지 못하는 물과
몸을 더 낮추지 못한 신발과
지금은 다시 길가에 나앉은 건기에
숨 쉬는 나무토막 한 개가 서있다
어디 아궁이 땔감으로 쓸 수 있을지 몰라
몸을 더 깊이 말리는 중이다

가트

한 계단에서 사람들이 물을 마셨다
한 계단에서 여인들이 빨래를 했다
한 계단에서 사람들이 모래 속에 배설을 했다
한 계단에서 힌두교도들이 목욕을 했다
한 계단에서 장작더미로 주검을 화장했다
한 계단 아래에서 개들이 밥을 기다렸다
계단은 강물 속으로 내려갔다

강가강 위를 낮게 나는 까마귀는
피안에 머무는 항하사를 쥐고
손가락 사이로 빠져나가는 강물을 보았다
침묵으로 흘러가는 강물에 비친 얼굴은
다른 무엇을 기다리는 갈매기와 같은가?
강가에서 입맛 다시는 개와 같은가?
강물 속 연꽃이 솟아 올랐다

*강가강 : 인도 북부를 흐르는 갠지스강의 현지어.
*가트 : 강가강 가에 있는 계단.

달마도 아니면서

구름은 왜 동쪽으로 몰려가는 것일까?
달마도 아니면서

목에 맨 줄을 갖지 않은 개와
코뚜레를 매지 않은 흰 소와 검은 염소와
발목에 끈을 묶지 않은 돼지가
사람들과 함께 해 지는 쪽으로 갔다

그들에게도 길을 갈 권리가 있다

길 가 광활한 풀밭에는
소와 돼지와 개와 염소가 눈 똥이
아침에 쉽게 눈 사람들 똥과 섞여
흙속에 스미어 거름이 되는 중이다

넓고 푸른 들판은 누구의 소유인가?
달마도 아니면서 묻는다

늙은 나무

쓰러지지 말자 다짐하는 늙은 나무 한 그루가
마을 가까운 곳에서 비스듬히 버티고 섰다
하늘로 향한 가지에 아직 파란 잎이 매달려 있지만
마을 사람이 밤새 땅에 닿은 가지 하나를 잘라갔다
높이를 조금씩 높이며 매일 밤 가지들이 하나씩 사라진 뒤
나무는 어느덧 둥치와 잎을 단 가지만 남아 숨을 몰아쉬었다
어느 날 윗부분이 도끼날에 잘려 흔적만 남았다가
몸통도 톱날에 잘려나가고 결국 푸른 잎 가지도 사라졌다
늙은 나무는 아프리카 초원에 쓰러진 들소처럼 세상을 떠났다
흙속에 묻힌 뿌리 끝까지 들춰내 가져 간 뒤에도 나무는
다시는 오지 않는 빈터에 새를 불러 모았다
새는 슬픈 눈으로 죽은 나무를 노래했다

땔감

몸 여윈 부부가 잘려진 나무 밑둥치를 캐내고 있다
끝뿌리 드러내기 위해 안간힘쓰는 얼굴 보여주지 않는 변변찮은 삽자루에 온 힘을 실은 몸집 작은 남자와 나무둥치에 손을 얹고 몸을 숙여 애태우는 여자가 어디까지 파내려 갈지 모를 일이지만 뿌리는 아침부터 해질녘까지 들추어내도 꿈쩍하지 않았다
어둠은 가까이 다가오고 근원은 깊어 끝을 몰랐다
두 사람 남은 시간을 합쳐도 닿을 수 없는 어둠 속 뿌리 끝이지만 끊지 않고 파내려가기를 원한다면 이쯤에서 쉬는 것이 옳다
들판에는 얼굴을 돌려도 눈치 채고 말리는 사람이 없다
끝을 보겠다고 멈추지 않는 부부를 기다리는 땔감에는 도무지 알 수 없는 근원이 있을 뿐 누구도 모르는 우기를 위해 그러나 뿌리는 아득한 도피처였는지도 모른다
항하사만큼 많은 시간이 부부에게 다가 오고 있지 않은가 저 깊이 박힌 뿌리 끝에서

갈라 무라

수레와 교행하기 위해 버스가 섰을 때
창 밖에서 열심히 손 흔드는 아이들에게
억지로 창문을 열고 과자봉지를 던졌다

'갈라 무라'

봉지를 주운 여자 아이가 냅다 도망쳤다
어느 아이도 그 소녀를 따라가지 않았다
내가 던진 말을 언제쯤 주워들을까?

*갈라 무라 : '나눠 먹어라' 의 경상도 방언

사랑법

강가강 화장장 가트에서 떠내려 온
덜 익은 시신을 뜯어 먹고 살던
로드 킬로 죽은 개를
까마귀 떼가 몰려 와 뜯어 먹었다

눈앞을 스쳐 간 가축과 집들 그리고
눈 큰 아이들 꾀째째한 몰골처럼
폐가는 제 몸을 덜어내
낮은 흙으로 돌아가는 중이었다

변하지 않는 것은 없다
서있는 네 땅을 경배하라 했다
길가에 널린 중한 말씀들이 콕콕
온 잠을 찔러 몸을 깨웠다

우담바라처럼

구멍이 나면 집으면 될 터인데
이 빠진 그릇을 내다버릴 것은 무엇인가?
물을 담을 수 있다면 그릇 아닌가
쓰는데 새 것이 무슨 소용에 닿을까

모든 그릇은 다 헌 것이다
손에 든 순간 낡은 것이다
새 그릇은 아직 곁에 오지 않았다
우담바라처럼

저습지

저습지는 버스길과 기찻길 사이에 있다
일부는 논이 되고 일부는 연밭이 되고
일부는 못이 되고 나머지는 풀과 놀고 있다
풀을 뜯고 있는 염소 곁에서 새들은
놀고 있는 풀밭에 새끼를 낳아 길렀다

남은 물이 모이거나 쓰고 버린 물이 모여
더 낮은 곳으로 가기위해 몰려 든 물이
잡풀을 가득 살게 하는 저습지 옆을
버스와 기차는 쉬지 않고 지나쳤지만
두 길 사이에 낮은 원주민이 몰려 살았다

길 위에 서서

새는 길과 멀리 떨어진 키 큰 나무에
혹은 사탕수수밭 은밀한 곳에 집을 지었다
원주민들은 길 가에다 집을 만들었다
쉽게 떠나기 위해서
혹은 더 빨리 돌아오기 위해서
차와 함께 소와 말과 돼지와 염소와 낙타와 개가
오가는 길 가
빈 손에 가진 것이 많아서
늘 한길은 바쁘고 번잡스럽다 사람들은 왜
빨리 가는 길 가에다 집을 짓는 걸까?
집 없는 보리수나무가 아직 길가에 서있다

옷

염소도 옷을 입었다
소도 옷을 입었다
개도 옷을 입었다
사람도 옷을 입었다

길을 가는 아이가 모자를 썼다
어른도 늙은이도 머리를 덮었다

건기에 속을 비워낸 강가 강이
몸이 말라 숨어서 곁을 지나갔다
모자가 굴러 겨울을 떠내려갔다

인연因緣

차창 밖 한 아이가 내 손을 흔들었다
차창 안 내가 아이 손을 흔들어 주었다

버스는 오래 전에 떠나오고 말았지만
남은 그 아이는 나를 기억해 줄까?
몇 년 지난 뒤에도 손 흔들던 아이를
떠나온 나는 기억해 낼 수 있을까?

서로를 스쳐 지나간 잠간동안 만든
끊을 수 없는 인연은
어느 나무아래서 비롯되었을까?

돌산

먼 길 벌판 끝에 산이 보였다
안개 때문에 보지 못한 산이
펼친 자락들이 다 잘려 나간 채

벼랑으로 둘러쳐진 힘 든 산은
등성이에 나무 한 그루 없어도
골짜기에 물 한 방울 없어도

껍질 벗겨가는 누운 나무처럼
돌을 캐 가서 드디어 끝이 된 산
눈에 안개를 거두고 보았다

전정각산에서

어둠이 몰려 왔다
네 등을 켜라

그래도 안개가 물러나지 않았다
가슴에 눈을 뜨고 들판 위에
네 갈 길을 그려 보아라

몸을 학대 한다고
눈이 밝아지지 않는다

북인도

비스듬히 누워있는 전신주를 보고 가다가
신호등도 가로수도 문을 연 가게 기둥도
바르게 서 있는 것은 없다
타지마할 네 귀퉁이를 지켜선 탑도
바깥쪽을 향해 기울어졌다

누구도 흉내 낼 수 없는 맛이여
쫓기는 내 여유를 비웃어주고 싶다
바른 것은 세상 어디에도 없다는 걸
열흘 동안 혹 내가 기울어져
그렇게 만난 북인도 높은 땅이다

나의 진흙소

진흙으로 만든 송아지가
활활 끓는 나무 솥에다
돌 새를 낳았다

눈이 보는 건 없다
입이 삼키는 건 없다
귀가 듣는 건 없다

강물은 나뭇가지 끝에 올라
구름을 먹고 몸을 살라
땅 밑 푸른 잉어를 구웠다

다시 강가에서 · 1

강가강 가 닳은 문지방 앞에는
어슬렁거리다 누워 잠 든 견자見者가 있다
게슴츠레한 눈으로 행려자를 물끄러미 바라보다
고개 돌렸다
흥미 없는 생이 한 구비를 돌아갔다
노숙을 몸에 붙인 개는 주인 없이 살았다
독한 쐐기풀 뿌리에 턱을 고이거나
화장火葬이 덜된 채 강에 버려지는 시신을
눈물 없이 뜯어먹으며 강가에서
새끼들을 키우고 생계를 꾸렸다
불빛 쌓인 거리를 가듯 옆으로 누워
어둠이 충만한 길 위에서 잠을 잤다

강가강 가 어디로든 갈 수 있는 개는
황야의 가시 숲에서 들쥐를 사냥하거나
하수구 버려진 음식 찌꺼기를 뒤지거나
걸음을 간섭할 누구도 곁에 있지 않다
주인이 개를 버린 것이 아니라

애초부터 주인을 갖지 않았다 개는
스스로 주인이 되어 길을 만들었다
상층인 사람은 구름 위에다 길을
그리고 소는 소대로 바람은 바람대로
각기 가는 길 위에 길을 가졌다
그것을 일치시키려 하는 주인은 없다

사람과 개와 소, 견자와 상층계급이 함께
수천 년 전에 난 골목길을 따라 강에 들고
강가 모래알에다 낡은 길을 갖다 버렸다
항하사 모래 언덕에 뱃바닥을 붙이고
배가 고픈 개는 강가에서 기다렸다 오래
떠내려 올 양식을 기다리지 않아도 좋다
어디로든 갈 수 있는 길을 위하여
풀잎 하나 건드리지 않는 자유가 있다
그대에게 주인이 없듯 개도 그렇다
강가강 가에서 견자犬者도 견자見者가 되어
편히 잠들 수 있는 언덕이 있다

강을 건너는 엄마에게

엄마,
배 타기 싫으면 비행기 타고 가
구천을 나는 극락조처럼
붉은 화관을 머리에 얹고
머리 아픈 어지럼증 다 털어내고
물이 찬 무릎 통증 없는 곳으로
놓아버린 길 검은 두려움도 떨쳐 두고

엄마,
비행기 타기 싫으면 구름 타고 가
바람 잘날 없는 가지 훨훨 떨쳐 두고 피안에 닿아
꽃밭이 참 아름답다 했지
열여섯 살 엄마처럼 머리에 꽃장식도 하고
달리는 마차에 앉아
삼단 같은 머릿결 한번 날려 봐

엄마,
구름 타기 싫으면 날개 달고

더 높은 곳으로 날아가서
한 점 티끌에도 마음 두지 마
피안의 꽃밭 속에서 나비춤 추며
다시는 돌고 도는 어둠에 빠지지 마
엄마가 너무 멀어져 보이지 않아
보이지 않아 엄마, 그래도
강을 건너가기에는 배가 좋아
뒤돌아보지 말고
빛을 따라 쭈욱 가

우담바라

오랜 어둠을 지나서 돌아올 꽃은
천 년이나 혹은 일 만 년 동안 피지 못한
안으로 다져넣은 내 숨소리다

더디 오는 꽃을 맞이하기 위해
마당을 쓸고 고른 뒤 물을 뿌렸다
나무 삭정이를 잘라내고 잎을 닦았다
손발을 씻고 몸단장을 했다 그때
성형한 옹이에도 향을 피워 꽂았다

내 쉬었다 간 오랜 뒤에 필 꽃
오지 않는 그대 이름만 들먹여도
가릉빈가는 노래를 불러주었고
강물 같은 평화가 강을 흘렀다
오랜 빛이 지난 뒤에 오는 그 꽃은
노을 속에 피는 꽃이다 그것은 잠간
별이 숨 쉬는 틈이었을 것이다

보이지 않는 발자국으로 걸어오는 누가
기다려도 피지 않는 꽃을 받든다
내가 나무가 되기 훨씬 전 일이다

백제의 미소

여래시여, 나는 그렇게 들었습니다

'강을 건너기 전에는 뗏목이 필요하지만
건넌 후에 메고 갈 수는 없다' 고

그러나 버려도 남는 뗏목의 무게는
눈을 찌르고 잇몸을 망가뜨리고 귀를 어둡게 하여
세상을 점점 멀어지게 흘러 보내고
디스크로 고개를 들지 못하게 하여
결국엔 뗏목에 눌려 떠나가게 만드셨습니다

어쩌면 그러하나이까 여래시여, 여래시여
높은 돌벼랑 작은 방에 갇혀있어도
뗏목을 버리지 못하고 버둥거리는 모습에
미동도 아니하고 미소로만 답하시니
그 뒤가 어떠한지 궁금하였나이다

뗏목을 버려도 몸에 붙은 그림자가

나를 동쪽으로 끌고 가서
죽도록 뭇매를 질러대더이다

도피

나는 어찌 안개가 그리운 것인가
황량한 벌판에 서서 물소리를 엿듣고
속살로 얼굴 가려주는 안개는
전쟁으로 난 흉터를 숨겨 주었다
짐승으로 변한 눈초리를 가려 주었다
전생에 간직한 험한 기억까지도 잘게 부수어
파편 틈새마다 갈댓잎 나부끼는 강을 끼워
유리창 밖에 고이 간직했다
봄이 오는 거리 독한 체루가스에 취해
끝없이 토하고 콧물 흘리던 때
울지 말라 등 두드려 주던 안개는
불투명한 거리를 지나 어디에 서있는가?
산골짜기 낮게 뭉쳐 스크럼 짜던 안개는
벼랑 끝에서 추락하지 않았는지
앞장 선 젊은 피가 그리운 것인가

독한 낙엽

길이 묻힌 산문 밖
물 위에 스스로 진 낙엽은 독하다
멍 든 잎을 등에 업고
서산에 저물어가는 노을 속으로
온 몸을 굴러가는 물소리
골짜기에 남긴 발자국이 독하다
넘어지고 고꾸라지고 부딪혀 찢어지고 깨어져도
잠기지 않는 색을 멀리까지
힘들어도 데려가고 싶었을까?

몸 부스러져도 좋은 낙엽은
마음 씀씀이가 소용돌이로 쉬이
바위 틈 새로 빠져 나가지 못한다
저물다 지쳐 물에 든 미명 속에서
흙더미가 서릿발로 한 뼘 높아질 때
독한 잎이 진 자리 하늘이 비어
여윈 나뭇가지에 싸늘한 시선들
힘 빠진 별이 독하게 걸어갔다
길이 묻힌 낙엽은 산문 밖에서 저물었다

해후

불이 나갔을 때 양초에 불을 붙였다
빛이 가슴에 와서 켜졌다 환하다
익숙한 길에 잊고 살았던 불씨였을까
따뜻한 손이 와서 내 안에도 불을 켰다
어디서 만난 적이 있는 투명한 얼굴이다
그를 잊고 살았던 것은 어둠 때문이었을까
아니면 밝은 눈부심 때문이었을까

그것도 나를 무겁게 갈아 앉히던 태고의 정적 속에서
허공에 걸린 외줄을 타고 건너편으로 건너가기 위해
웅크린 나날 그는 날아가는 새의 날개였다
촛불을 간직하고 살면서 불을 붙이지 못한 나날들이
어둠에 나를 숨겨 놓았다 어둠 속에서
불을 붙였을 때 이옥고 만나는 환한 얼굴
대낮인데도 그 얼굴은 투명하게 비쳐보였다
그때서야 나는 촛불을 끌 수 있었다

어둠의 경계

문을 밀치고 나서니 다시 어둠이다
앞쪽 어둠과 뒤쪽 어둠 사이에
누구나 다 아는 경계가 남아있다
투명한 어둠이라도 같은 것이 아니다
더 진하거나 더 악랄하거나 아니면
조금 더 불투명하거나 계단은 가파르고
끝에 선 벼랑은 절로 너무 깊다
밖에 나선 내게 길은 안보이고
길 가 늘어선 나무도 보이지 않는다
납작하게 엎드린 질경이풀이야
풀들이 내 지르는 비명쯤이야
뒤쪽 어둠이 감춘 핏빛 노을만 하랴
갈라진 상처에서 솟는 검은 고름만 하랴
문 밖에 늘어선 어둠들이 아프다
앞쪽 아픔보다 더한 아픔을 가졌나보다
눈을 가로막는 어둠이 더 진하다
발자국 아래 비명들이 납작 엎드려
다시 문을 열고 들어서도 더한 어둠이다

수레 위의 나무

수레가 걸어온다
나무를 싣고
나무의 가지가 햇빛 쪽으로 가고
뿌리는 물 쪽으로 간다

물의 발
햇빛의 손

햇빛과 햇빛이 손을 잡는다
저쪽 나무 손이 이쪽 나무 손에게
푸른 하늘아래 서로 집적인다
바람 불어도 혹은
바람 불지 않아도

물과 물이 발을 섞는다
이쪽 나무 발이 저쪽 나무 발을
흩이불 밑에서 서로 건드린다
밤이 되어서도 혹은

밤이 아니어도
손을 잡는 물과 햇빛
그 사이에 나무가 있고
나무를 싣고 수레가 온다

시간의 나무

비 속 잎 다 진 나뭇가지에
헝클린 채 걸려 있는 테잎에는
무슨 말이 들어 있을까
소리를 베어먹은 누군가가
아무렇게나 내던져 버린 것일까
그것을 주워 판독할 수 없는 소리를
바람 속에다 풀어 넣고 있는 은행나무는
지난 여름
벌거숭이 비디오 테잎을 걸치고 있었다

옷 벗은 플로피 디스켓이
동그란 눈을 뜨고
겨울 아스팔트 길 위에 나뒹굴고 있었다
그 안에는 무엇이 담겨져 있을까
내용을 엿볼 수는 없을까
잠긴 수도꼭지를 틀 듯
알몸의 디스켓을 컴퓨터에 넣으면
소리내며 억울함을 토할 것만 같다

아무도 주워가지 않은 테잎과 디스켓은
쓰레기 매립장에 묻혀 갈 것이지만
몇 백년 후 아니면 몇 만년 후에 오는
낯선 인류에 의해 발굴 복원될 것을 꿈꾼다
지금은 버림받은 쓰레기가 되어
물구덩이 속에 묻혀 가지만
오늘의 실상을 기억하고 있다가
낱낱이 토해 내고야 말 것이다

내장을 다 비워낸 컴퓨터가
강물에 떠내려 가다가 갈대 숲에 걸려
반쪽은 빛이 되고
반쪽은 물이 되고 있었다
빛이 된 쪽이 먼저 손을 흔들었으나
물이 된 쪽은 물에 잠기기를 원했다
깊은 바다에 갈아 앉아 빛을 숨기고
말이 되길 기다렸다

벌레들은 어둠을 좋아한다

나무와 나 사이에 창고가 있다
나무에서 창고로 가고 있는 개미떼들
10년 전에 폐광이 된 그곳 벽에는
연탄 흔적이 지워지지 않은 채
어둠이 어둠에 동화되고 있다

연탄이 가고 없는 창고 어둠은
어둠을 좋아하는 벌레와 동거한다
가장 낮은 쪽에 위치하며
상처를 숨기기도 하고
부끄러운 기억을 지워 주기도 한다

벌레도 어둠을 좋아한다
낮은 노래로 눈을 깊게 만들고 벌레들은
나무와 연탄창고 사이를 오간다
그늘만 밟고 가는 조그마한 것들
힘없는 발자국이 어둠에 찍힌다

어둠은 무겁다 그러나
작은 귀뚜라미가 어둠을 이고
그곳에 산다
연탄 창고와 나 사이에는
오가는 것이 어둠 뿐이다

루사의 우산

시청으로 가는 길에
구겨진 우산이 버려졌다
벌렁 누운 속이 젖어
몸을 젖지 않게 하던 꿈이 무너졌다

피곤해 누운 가로수 곁에서
전주도 불을 끈 채 잠에 들었다
할머니가 물속에 누워
뜬눈으로 손자를 기다릴 때
밑이 그리운 배가 물에 들었다

지붕 위에 올라간 소가
떠내려가는 돼지의 아우성을 보았다
지리산 새 둥지가 물에 젖었을 때
강릉에서는 둥둥
산을 비운 황토 언덕이 굴러 집을 덮쳤다

한 사람이 젖어서 간다

지렁이 한 마리 젖어서 간다
잉어 한 마리 젖어서 간다
새 한 마리 젖어서 간다
젖은 아우성이 모이는 곳은?

나의 안경

안경이 없는 자는 슬프다
보이는 것 없이 길을 가야 한다는 것
그 이상은 도달할 수 없는 피안이기에
저당 잡아도 소용없는 눈물, 시인이여
안경이 없는 자를 노래하지 말라
서툰 동정심 하나 얻을 수 없어
만나는 어둠도 살로 느끼는 피투성이
맹인의 화두일 뿐 다들
눈 갈아 끼우고 보는 풍경 앞에서
맨 눈으로 부딪혀 보았자
새로운 풍경에 가 닿지 못한다
안경은 나를 부정하고
나는 안경을 거부한다
물을, 바람을, 빛을, 하늘을
배반하고 거스르고 거역하고 거부하고…
안경이 없는 자는 소수민족
눈물 한 빙울 가질 자격이 없다